기체가
담겨서

고체 액체 기체가 뭐래?

지은이 윤병무

시인이며 어린이 책 작가이다. 이 책의 자매인 '후루룩 수학' 시리즈를 썼으며, 초등 국어 수학 사회 과학의 지식을 동시와 수필로 형상화하여 창발적 초등 융합 교육을 실현했다고 평가받은 '로로로 초등 시리즈'(20권)를 썼다. 글(지문)을 나무 그림으로 간추리는 노하우를 전수한 '나무 문해력 초등 시리즈'를 썼으며, 아동·청소년을 위한 인성 교육서 『생각을 열어 주고 마음을 잡아 주는 성장기 논어』, 『옛일을 들려 주고 의미를 깨쳐 주는 성장기 고사성어』, 『속뜻을 알려 주고 표현을 살려 주는 성장기 속담』을 썼다. 창작 그림 동화로는 『펭귄 딘딤과 주앙 할아버지』를 썼다. 시집으로는 『당신은 나의 옛날을 살고 나는 당신의 훗날을 살고』, 『고단』, 『5분의 추억』이 있고, 산문집 『눈속말을 하는 곳』이 있다.

그린이 이철형

이 책의 자매인 '후루룩 수학' 시리즈의 그림을 그렸으며, '로로로 초등 시리즈' 중에서 16권의 책에 삽화를 그렸다. '마음으로 생각하는 인성 공부 시리즈'에 삽화를 그렸고, 창작 그림 동화 『펭귄 딘딤과 주앙 할아버지』와 함민복 시인의 시 그림책 『악수』에 그림을 그렸다. 인문 교양서 『우화의 철학』과 『나를 위한, 감정의 심리학』에 삽화를 그렸다.

후루룩과학 1

고체 액체 기체가 뭐래?
물질의 상태

글 윤병무 그림 이철형

국수

학교에 다녀오겠습니다!

초등학생 3학년 아이가 엄마에게 말하고는

서둘러 현관문을 열고 나갔어.

쿵!

현관문이 닫히자 엄마가 혼잣말을 했어.

나도 설거지 마치고 도서관에 다녀와야겠다.

잠시 후

엄마마저 외출하자 집 안이 조용해졌어.

집 안에 들어온 햇볕이 슬며시 자리를 옮기자

주방에서 아주 작은 말소리가 들렸어.

그 소리는 마치 봄바람에 날린 벚꽃 잎들이

땅에 내려앉을 때의 소리만큼 아주 작았어.

그 소리는 **밥솥**이 하는 말이었어.

"그릇들아, 수저들아, 오늘 아침에도 수고했어.

너희가 있어서 내가 지은 밥을

이 집 가족이 편히 먹을 수 있었어."

밥그릇이 맞장구를 쳤어.

"맞아. 밥솥이 있어서 밥을 지을 수 있었고

내가 있어서 밥을 담을 수 있었어."

그때, **밥솥**의 테두리 같은 무언가가 스르르 나타나 대꾸했어.

"그래. 우리가 있어서 사람들이 살아갈 수 있어.

우리는 주방뿐만 아니라 집 전체를 이루고 있으니까."

처음 보는 그에게 **밥솥**이 놀라 물었어.

우리라고? 너는 누구니?
갑자기 나타나
우리라고 말하는 너는 누구니?

밥솥 테두리 같은 모양이었던 그것이 이번에는

밥그릇 테두리 같은 모양이 되어서 대답했어.

나는 너희의 상태야.
너희는 나를 이룬 어떤 물체이고.
그래서 너희와 나는 우리인 거야.

알쏭달쏭한 이야기만 하는 그 테두리가 또 말했어.

"너희가 아직 나를 모르는구나.

나의 이름은 고체야.

너희의 **상태**가 바로 나야.

너희의 **상태**가 고체란 말이야."

밥솥 옆에서 잠자코 있던 **밥주걱**이 대꾸했어.

우리의 상태가 고체라고?
고체가 뭔데?
어떤 상태를 고체라고 하는데?

고체가 잠시 생각했어. 그러고는 대답했어.

"**고체**는 어떤 **물질**의 **상태**야.

음…… 그런데 **물질**의 **상태**를 이해하려면

물질이 무엇인지를 먼저 알아야 하겠구나?!

그러려면 **물질**과 **물체**를 구분할 수 있어야 하겠어!"

고체가 이어서 말했어.

"**물체**는 **물질**로 이루어져 있어.

세상의 모든 **물체**는 어떤 **물질**로 이루어져 있지.

가마솥은 **철**로 이루어져 있고

도자기는 **진흙**으로 이루어져 있고

나무 주걱은 **나무**로 이루어져 있고

페트병은 **플라스틱**으로 이루어져 있어."

이야기를 들으며 **밥솥**이 자기 모습을 살펴보았어.

고체가 이어서 말했어.

"그래서 가마솥은 물체이고 철은 물질이야.

그래서 도자기는 물체이고 진흙은 물질이야.

마찬가지로, 나무 주걱과 페트병은 물체이고

나무와 플라스틱은 물질이야."

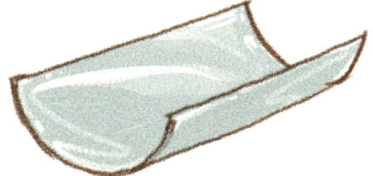

고체가 자신의 상태를 설명하며 말을 마쳤어.

"그런데, 이러한 물질들에는 몇몇 공통점이 있어.

첫째는 정해진 모양이 있다는 것이고

둘째는 눈에 보인다는 것이고

셋째는 손으로 잡을 수 있다는 것이야.

이런 상태의 물질을 고체라고 해."

잠자코 듣고만 있던 **숟가락**과 **젓가락**이 함께 말했어.

"그럼 우리도 고체겠네?!

 우리도 정해진 모양이 있고

 눈에도 보이고

 손으로 잡을 수도 있으니 말이야."

고체가 대답했어.

"물론이야. 이 세상의 대부분이 고체야. 우리의 지구는 고체 덩어리지. 그래서 고체가 지구의 주인공이야!"

뭐라고? 하하하!

고체들은 고체 같은 생각만 하는구나.
그래서 생각도 굳어 있구나.

그 말소리는 거실에 있는 어항에서 나는 소리였어.

이 말소리도 매우 작았어.

마치 금붕어가 지느러미를 움직일 때 나는 소리만큼

아주 작은 말소리였지만 고체들은 들을 수 있었어.

곧바로 어항의 물에서 무언가가 스르르 나타났어.

출렁이듯이 움직이는 그것이 이어서 말했어.

"고체가 지구의 주인공이라고?

너희가 아직 잘 모르는가 보구나.

지구의 표면을 가장 많이 차지하는 것은 물이야.

물은 **액체**야.

내가 바로 **액체**지."

그러자 저쪽의 **텔레비전**이 대꾸했어.

"어쩐지…… 물은 **액체**구나.

내가 평소에 어항 속의 물을 보면서

물은 나와는 다른 **상태**라고 생각했어."

액체가 여전히 몸을 출렁이며 대답했어.

"하하하! 텔레비전의 관찰력*이 좋구나.

그런데 분명히 알아야 할 게 있어. 그것은

고체가 어떤 물질의 상태이듯이

액체도 어떤 물질의 상태라는 것이야.

다만, **액체 상태는 고체 상태와 달라**."

* 관찰력: 어떤 대상을 자세히 살펴보는 능력.

텔레비전의 **리모컨**이 대꾸했어.

액체 상태는
어떠한데?

잠시 생각하던 **액체**가 대답했어.

"**고체 상태**에 몇몇 공통점이 있듯이,

액체 상태에도 몇몇 공통점이 있어.

첫째는 고체와 마찬가지로 **액체도 눈에 보인다**는 것이야.

둘째는……"

그때, 어항 **물**이 끼어들어 말했어.

"둘째는 **모양이 일정하지 않다**는 것이야.

내 모양을 봐.

나는 둥근 어항의 모양과 같을뿐더러

금붕어가 나를 지나갈 때마다

내 모양은 움직이며 바뀐단다."

그때 주방 수도꼭지의 수돗물이 대화에 끼어들었어.

수돗물이 주르르 흘러내리며 말했어.

"**액체**의 또 다른 성질은 손으로 잡으면 흘러내린다는 것이야.

세수를 하거나 설거지를 할 때를 생각해 봐.

물이 손가락 사이로 빠져나가잖아.

액체는 손으로 쥐려고 해도 잡을 수 없어.

그래서 엎질러진 물은 다시 주워 담을 수 없다는 옛말도 있어."

수돗물의 말에 우쭐해진 **액체**가 이어서 말했어.

"그래서 **액체**는 변화무쌍*해!

고체는 모양이 정해져 있지만

액체는 페트병 속에 있으면 날씬한 페트병 모양이 되고

항아리 속에 있으면 둥근 모양이 되고

수영장 속에 있으면 직육면체 같은 모양이 되잖아.

그러니까 **액체는 물질**의 가장 자유로운 **상태야!**"

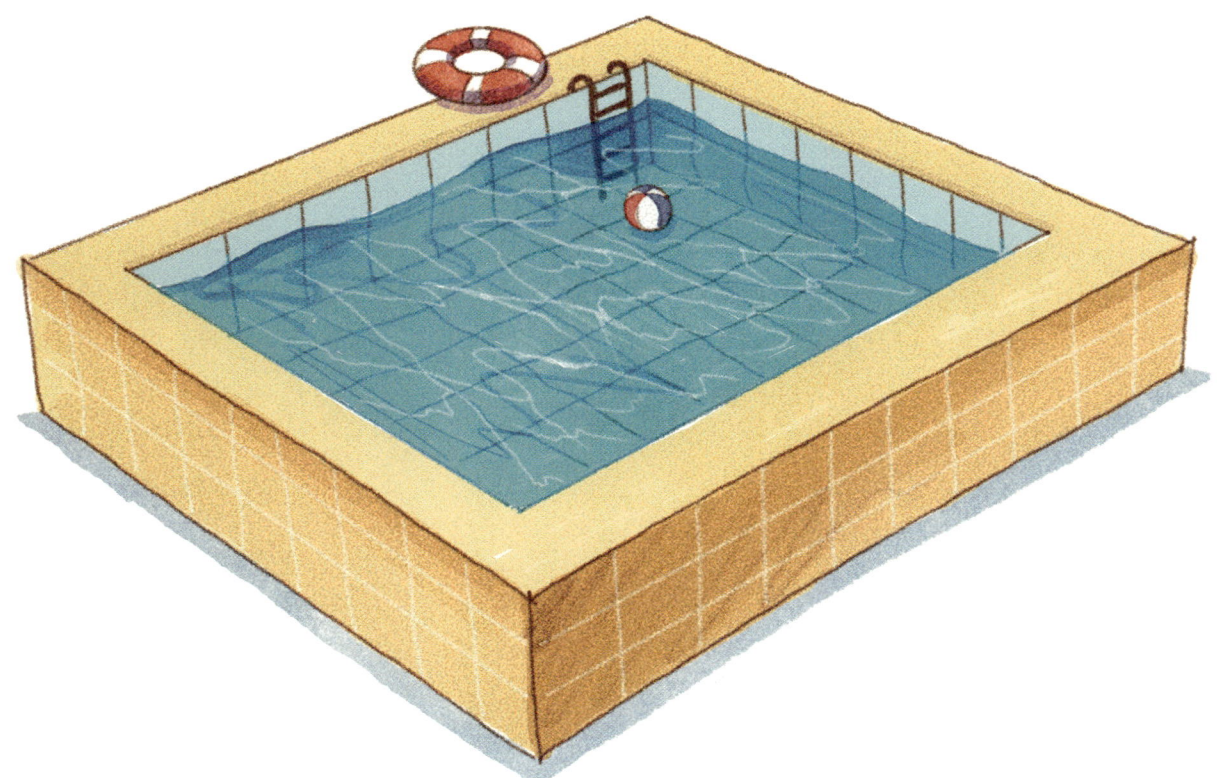

* 변화무쌍(變化無雙): 변하는 정도가 다른 것과 비교할 수 없을 만큼 심함.

껄껄껄!
내가 듣고만 있을 수가 없구나!

갑자기 어디선가 이런 말소리가 들렸어.

그 말소리는 마치 나비의 날갯짓 소리만큼 매우 작았지만

고체와 **액체**는 들을 수 있었어.

그 말은 거실 천장 쪽에서 나는 소리였어.

웃음소리를 냈던 그 소리가 이어서 말했어.

"**액체**가 물질의 가장 자유로운 **상태**라고 하니

내가 끼어들지 않을 수 없구나!

액체가 아직 나를 잘 모르는가 본데,

물질의 자유로운 **상태**를 손꼽으라면 내가 최고지!

아무렴! 나는 물질의 가장 가벼운 **상태**란다.

그런 나는 어디에도 매어 있지 않아 한없이 자유롭지!"

항상 네 다리로 서 있는 **의자**가 말했어.

너도 물질의 상태라고?

있는 듯 없는 듯한 너는 도대체 누구니?

앞서 말한 말소리가 대답했어.

"나는 기체야.

나를 알아보기는 쉽지 않아.

나는 모양이 없어서 보이지 않기 때문이지.

하지만 내가 안 보인다고 없는 게 아니야.

나는 틀림없이 있어."

이번에는 **냉장고**가 **기체**에게 질문했어.

"모양도 없고, 보이지도 않는데, 네가 있다고?

그럼, 네가 있는 것을 우리가 어떻게 알 수 있어?"

기체가 대답했어.

"음…… 풍선을 생각해 봐.

풍선을 불면 풍선이 부풀어 오르지.

풍선이 부푼 것은 풍선 속에 무언가가 있다는 거야.

풍선을 채운 것이 바로 나야. 기체!"

고체와 **액체**도 **기체**의 말을 귀담아 들었어.

기체가 신나서 또 말했어.

"나는 타이어 속에도 많이 들어 있어.

자전거펌프로 타이어에 공기를 넣잖아.

그 공기는 처음에는 잘 들어가지.

하지만 스무 번쯤 공기를 밀어 넣으면 어때?

그때부터는 잘 안 들어가지?

그것은 타이어 속에 공기가 가득 찼기 때문이야.

그 공기가 바로 기체야."

그때 불쑥 **고체**가 말했어.

"그러면 뭐하니? 그래 봐야

기체는 모양도 없고, 눈에 보이지도 않는걸!

그래서 기체는 있어도 없는 것 같아.

그런 기체는 아무짝에도 쓸모없을걸?"

고체가 계속 말했어.

"반면에 우리 고체를 생각해 봐. 지구의 대부분은 고체야.

고체가 없으면 이 세상은 있을 수 없어.

지구에 동물과 식물이 생겨난 것도

땅이라는 고체가 있었기 때문에 가능했어."

고체가 잠시 말을 멈추고 **액체**를 흘끔* 보았어.

그러고는 다시 말을 이었어.

"물론 엄청나게 많은 바닷물은 **액체**지. 하지만 바다도 바닥이 **고체**여서 바닷물을 담을 수 있는 거야. 그렇게 고체는 모든 **액체**를 담아낼 능력이 있어."

* 흘끔: 곁눈으로 슬그머니 한 번 흘겨보는 모양.

곧바로 액체가 반박했어.*

"지구의 딱딱한 표면이 고체라는 것은 인정해.

그런데 땅으로만 이루어진 달과 화성*을 생각해 봐.

지구는 달, 화성과는 달라."

액체가 고체를 흘겨보고는 말을 이었어.

* 반박하다: 어떤 의견이나 주장에 반대하여 말하다.
* 화성: 태양에서 넷째로 가까운 행성으로 지구의 약 절반 크기이다.

"지구는 동물과 식물이 살아 숨 쉬는 곳이야.

그게 어떻게 가능하겠니?

지구에는 달과 화성에는 없는 물이라는 **액체**가 있어.

물이 생물을 탄생시켰고 생명을 유지시키지.

그러니 지구를 아름답게 하는 것은 **액체** 아니겠니?"

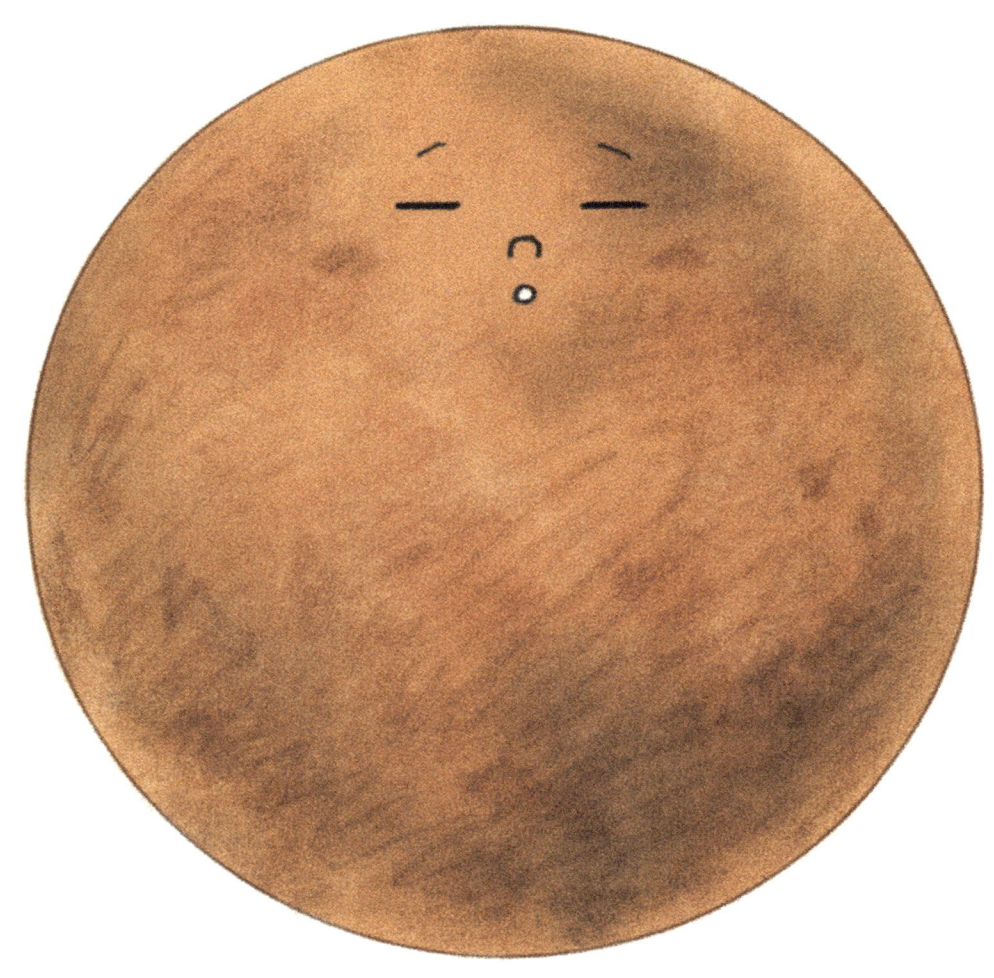

잠자코 듣고만 있던 기체가 대화에 끼어들었어.

너희가 하나만 알고 둘은 모르는구나.

기체가 또박또박 말을 이었어.

"너희처럼 모양이 있고, 눈에 보이고,

손으로 느껴지는 것들만 소중한 것이 아니야.

물론 지구는 **고체**와 **액체**로 채워져 있지.

하지만 지구에 **기체**인 공기가 없다면 어떨까?

그러면 식물도 동물도 숨을 쉴 수가 없어.

그리고 지구의 푸른 하늘을 채운 공기가 없다면 어떨까?

당장 지구는 뜨거운 햇볕을 막지 못하여 펄펄 끓어오를 거야.

그러니 **기체**야말로 지구의 식물과 동물의 생명을 이어 주고

지구를 지켜 주는 수호신*이라고 말할 수 있지!"

* 수호신: 국가, 민족, 개인 등을 보호하여 주는 신.

고체와 **액체**의 얼굴이 빨개졌어.

고체와 **액체**가 **기체**에게 반박할 말을 찾고 있었어.

그때, 열린 창문 쪽에서 또 다른 말소리가 들렸어.

그 소리는 마치 꽃이 필 때 내는 듯한, 아주 작은 소리였어.

그래도 **고체**와 **액체**와 **기체**는 들을 수 있었어.

너희가 서로 연결되어 있다는 것을
아직 모르고 있구나.
너희 자신을 가만히 살펴보아라.
너희 셋은 서로 다르면서도 종종 함께 있단다.

그 말소리는 아주 나이 많은 목소리였어.

하지만 그 말소리는 그야말로 말소리일 뿐이었어.

눈을 크게 뜨고 보아도 말소리가 나는 쪽에서

희미한 모양조차 찾을 수 없었어.

고체, **액체**, **기체**가 동시에 대꾸했어.

우리가 서로
연결되어 있다고요?

우리가 종종
함께 있다고요?

늙은 목소리가 대답했어.

"물론이야. 액체인 바닷물에는 크고 작은 고체들도 떠다니고

물고기들이 숨 쉴 수 있는 공기도 포함되어 있단다.

또한 바닷물이 햇볕을 받아 증발*하면 수증기*가 되는데

물기를 머금은 수증기는 기체란다.

그 수증기가 하늘 높이 올라가면 낮은 기온 때문에

작은 물방울이 되고, 작은 얼음 알갱이가 되지.

그것을 사람들은 구름이라고 부른단다.

구름은 공중에서 작은 물방울과 작은 얼음 알갱이가 모여

하늘 높이 떠 있는 매우 큰 덩어리야.

그 구름을 이룬 작은 물방울은 액체이고,

작은 얼음 알갱이는 고체란다."

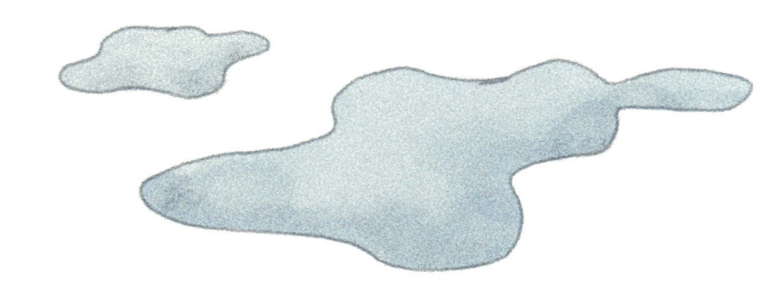

* 증발: 어떤 물질이 액체 상태에서 기체 상태로 변하는 현상.
* 수증기: 기체 상태로 되어 있는 물.

기체가 파란 하늘 같은 표정으로 말했어.

"아하!

그래서 우리 셋은 서로 연결되어 있고,

또 종종 함께 있다고 말씀하신 거군요?!"

고체와 액체도 고개를 끄덕였어.

그러고는 모두가 동시에 질문했어.

그런데,
그렇게 말씀하신
당신은 누구세요?

말소리뿐인 늙은 목소리가

꽃향기를 풍기며 대답했어.